Mon cœur que tu heart

by QYOU

Sommaire

1 – **Impression**, *Page 5*

2 – **Je te veux**, *Page 9*

3 – **Aller simple**, *Page 13*

4 – **Chasse à l'autre**, *Page 17*

5 – **Aurores boréales**, *Page 21*

6 – **Fille soleil**, *Page 25*

7 – **Tonneaux**, *Page 29*

8 – **Vague à l'âme, partie 1**, *Page 33*

9 – **Peur bleue du noir**, *Page 37*

10 – **Celle d'en face**, *Page 41*

11 – **Peau aime charnel**, *Page 45*

12 – **Amis du passé**, *Page 51*

13 – **Mise en abîme**, *Page 55*

14 – **Assouvissement**, *Page 59*

15 – **Clandestin**, *Page 63*

16 – **Tout ou rien**, *Page 67*

17 – **Second rôle**, *Page 71*

18 – **Bookeh de fleurs**, *Page 75*

19 – **Cercles de vin**, *Page 81*

20 – **Aimants**, *Page 85*

21 – **Vague à l'âme, partie 2**, *Page 89*

22 – **Cathartique**, *Page 93*

Oscar Anton & Clémentine
« nuits d'été »

Impression

Épris de la grande sphère de flammes qui s'effondre
Du dégradé d'une coupe de cheveux, d'un Jäger Bomb
De la magie des aurores, des ondes qui déferlent
Coupole au vernis incolore, d'où il tombe des perles

Un drap sur l'herbe
Un panier digne d'un capharnaüm
Entrejambe imberbe
Bouteille de cidre, loukoum

Des raisins sans pépins
Nous non plus
S'embrasser sans ne voir le déclin
Contemplant discrètement une épanouie figure

Orteils qui s'ensevelissent dans le sable
Jouer les impressionnistes, dos telle une toile
Nos ombres sur le crépi
Nos paumes toutes flétries

Le temps dilaté, le cycle de la vie
Tendres nuits d'été
Étang de brochets, s'y reflète le parhélie
Des jours, par le soleil, prolongés

Hanches et fessier qui garnissent le jean
L'huile et l'eau qui se câlinent
Courbes et cheveux épars se tiennent face au Van Gogh
La véritable œuvre d'art se tient devant l'autre

Mais ce qui est beau, c'est qu'on a tous des imperfections
C'est qu'il y a toujours plus beau que la perfection
Qu'à partir d'une simple texture on peut être en fixation
De la physique-chimie, au devenir de la verdure en fasciation

Un flambeau, dans le cristallin, en passation
Un point d'eau dans un jardin, des jets de pigmentation
Le glamour des créatures et les naturelles dépressions
Me suffit la nature et sa liberté d'expression

Alec Benjamin
« Let Me Down Slowly »

Je te veux

Je pensais te serrer
Au moins dans mes bras
Nos cœurs l'ont trop fait
On s'éloigne par mégarde

Je reviendrai en Coucou Mademoiselle
Lors d'un de ces modes oisifs
C'est encore moi, oui, je réessaye
Vous m'avez percuté tel un récif

Comme la clope après baisé
Je veux que tu ais besoin de moi
Si tu me fais confiance, zéro blessé
Je prends ton cœur comme otage

Laisse-moi m'occuper des contraintes
Te faire hérisser
Même si je dois être seul contre trente
Que j'en suis éreinté

Fessier garni dans jean moulant
Aux fossettes de Margaery Tyrell
Figé dans un sable mouvant
Au moindre signe louche, je me taillerai

Facile à dire, moins à imaginer
Car je fly lorsqu'avec toi je flirte
Faut que je me tire, loin, à l'Himalaya
Car là, c'est mon cœur que tu heurtes

Je m'enfonce dans des trous noirs
Please, don't let me down slowly
J'ai été mytho, je ne peux encaisser tout, moi
Je ne suis pas l'estomac de Matt Stonie

Je récupèrerai ton sourire entre deux binouzes
Ne laissant rien derrière nous deux, jouant ton Sam
Exceptant la forme de nos corps marquée sur la pelouse
Je suis patient, tout ça car je te veux comme l'oncle Sam

Drake (Feat. Jhene Aiko)
« From Time »

Aller simple

Il y a les aléas,
qui imposent les risques
Si on en est là,
c'est par faute de vices

Rejeter autrui et sur lui
Tout le temps lui et lui défèquent sur eux
On sème ce qu'on mérite, ne pas être surpris
Le tout avec pour cause un mental défectueux

Car ça ne marche pas...
Se plaindre, puis dire que tout n'est que peace
Dire que ça va...
Quand craindre, maudire, jalouser ternisse

Mes grands-parents tristes
Est-ce que je tiens ça d'eux ?
Parce qu'ils vieillissent
La vingtaine, mais je me sens déjà vieux

Ils pensent quand m'emmerdant je ne les oublierai pas
Me suffit la façon dont ils me chérissent
Des pleurs, à chaque allusion de Nouméa
À chaque excuse, « Je n'ai qu'un petit-fils »

Se font trop de bile, et des ennemis
Ils savent mettre de l'huile sur le feu
Leur pessimisme, et le verre de trop de Whisky
Voilà, ce que je n'aime pas chez eux

Ils meurent sur leur terrasse
Bouffés par les conneries d'informations
Dans leur zone d'inconfort se prélassent
Les coins à champi' tel le secret d'un franc-maçon

Des enfants dont l'antonyme d'humilité est souverain
Quand c'est nous, on n'a pas connu la guerre
Tu avais trois ans, de quoi tu te souviens ?
C'est ce que j'aimerais dire, mais je me la ferme

Les Hommes devraient se regarder dans la glace
Leur vie, c'est critiquer celle des autres
Quand ils sont au sol, ils demandent grâce
Et, c'est eux, qui me parlent d'éducation

Ils attendent de vivre, comme un train
Attendent un astéroïde, un cancer
Ils jettent le monde comme un rien
S'étonnent qu'il revienne à la charge, pour plus qu'un siège

Les adultes ne sont que des grands enfants
Qui n'ont pas les mêmes jouets
Qui plus est, ne sont pas plus conscients
Sauf peut-être de tout le mal qu'ils ont fait

Peur de la mort, de vivre oubliant
Et que simple est l'aller
Se rassurent avec les histoires d'avant
Pour taire les questions sur ce qu'il y'a après

Hazey Eyes
« Untitled »

Chasse à l'autre

Un drapeau blanc, déployé dans le noir...
Je ne veux pas me battre
Regarde le temps, toi qui veux savoir...
Que je te consacre
N'a jamais été assuré la luxure
Dis-moi ce qui t'a fait reculer
En quoi « Je t'aime » est un lapsus ?
N'attends-pas de me voir roucouler
Cette situation crée ma lésion
Les larmes troublent ma vision
Est-ce ça, l'usure passion ?
En quoi méritais-je l'usurpation ?
Si je te dévoile tout, c'est car je ne veux plus mentir à quiconque
Être sûr que tu restes
Sans retouche, que tu ne sois jamais surprise de mon King Kong
Être sûr que tu m'acceptes
Toi qui m'as transpercé, tel un avion qui passe devant le soleil
C'est donc pour ça que tu brilles autant
Mais j'espère que tu n'es pas si fière de ton silence
Trop habitués à laisser tout décider au temps
Ainsi, où figure notre engouement ?
Pas dans nos bras engourdis
Entièreté dans l'écœurement
Plus un brin de sentiments, tous engloutis
Des cendres et cercles de vin
Amertume, grisaille
Le désert, un virevoltant
Plus un signe, même de loin
Ruminé nous eûmes, idées noires devenant grises pâles
Les souvenirs nous tirent tels des cerfs-volants
Vêtements couleur automne
En un éclair de chaleur l'été fut écarté
Où l'un de nous doit se rendre, on est au tome
Celui antérieur ayant été rires et clarté
On se traque, on se braque
Faire, il faut laisser

Comme sur verglas lorsqu'on dérape
On n'a jamais rien contrôlé
Mon pou s'envenime
Une morsure sans venin
Lorsque le film se rembobine
Pourquoi prendre rendez-vous avec l'amour sans venir ?
C'est comme ça
Il y a des séquences où l'on est bloqué et sans repère
Ce n'est pas grave
Suffit de garder en tête que s'il y a des séquelles : Il y a des remèdes

Uppermost
« Believe »

Aurores boréales

Un souhait chuchoté à l'oreille
Et nous voilà comme à l'autre bout de la Terre
Je ne peux pas faire des miracles, mais des merveilles
C'est mon rôle de père

Elle est forte, elle est belle
Oui, c'est une fille chauve, et puis ?
Elle s'est battue contre un cancer
Tu t'es battu contre épis

Sourire à en avoir une crampe
Dans le pays du Père Noël, on campe
Déjà plusieurs semaines que nous sommes partis
On dépasse les tropiques, direction la Scandinavie
On n'arrêtait pas de lui dire...
Que ses jours étaient comptés
Enfermée, à regarder les gouttes de pluie sur la vitre
S'amuser à les compter
J'ai attendu le bon moment
Pour la faire s'évader
Rien qu'une enfant
Voulant que son rêve soit épargné
Elle m'attend dans la voiture à chaque arrêt
Elle est ce qu'elle n'a pas l'air
Fini de rester derrière une vitre, c'est le tout dernier
Nous sommes bien dans le cercle polaire
Hier, je me tendais à son chevet
Aujourd'hui, je lui offre les aurores boréales
Mais demain...
Elle se met à pleurer
En silence devant son régal
Violettes sont ses deux mains
Un véritable skyporn
Du sentimental dans l'obscène

Devant un tel décor...
Tu ne peux que t'asseoir et tu observes
Elle a vécu ses plus belles heures
En rentrant quelques jours plus tard, le verdict est tombé
Et c'était officiel
Le poids lourd sur mon cœur
Je me suis assis à la regarder
De longues minutes auprès d'elle
C'était d'être revenu dans cette réalité
Qui l'avait tué
Elle venait du ciel, mais demain...
Elle y sera retournée

Un souhait chuchoté à l'oreille
Et nous voilà comme à l'autre bout de la Terre
Je ne peux pas faire des miracles, mais des merveilles
C'est mon rôle de père

Elle est forte, elle est belle
Oui, c'est une fille chauve, et puis ?
Elle s'est battue contre un cancer
Tu t'es battu contre épis

RADWIMPS
« Running with Hina »

Fille soleil

Miracle
Une fois le torii franchi
Admirable
Pas une fois elle n'aurait flanché

En chute libre
Une descente digne de celle d'un marin
Je fonctionne comme attrape-rêves
Lorsqu'elle me tend sa main

Je lui caresse le nez
Avec une de ses plumes
La mienne pour dire que je n'ai guère crainte
D'une de ces pluies

Une baleine dans le ciel, la météo est un mystère
Elles se ressemblent tant
Une danse matinale à en avoir le tournis, telle une prière
Un bonheur ambulant

Ses hanches...
Se dégingandaient
L'aisance...
Pour se dévergonder

Un kimono, et une rosace naturelle
Un camélia placé sous les cheveux
Le monde a toujours été fou, et moi d'elle
Depuis que j'ai droit à ces jours soleilleux

Bien que je ne coure après personne
Je veux courir avec
Un bout de violon qui résonne
Un coup exquis d'archet

Je refuse qu'elle s'abandonne une fois de plus
Qu'elle s'oublie le temps d'un sacrifice
À moi de procurer de bons augures
À moi de m'occuper des auspices

Achile
« Vie normale »

Tonneaux

Je m'étais forcé à oublier ton nom
Le voilà qui rayonne dans un message qu'on n'attend plus
Trahi par mon sourire et mon cœur étonné
Impossible de cacher infiniment au combien autrefois tu m'as tant plu
Incertaine que je réponde, alors que mes portes ne sont jamais closes
J'ignore encore la raison de ton retour et sa cause
S'en suit des photos
Je me sens déjà fautifs
De ces effroyables tonneaux
Choqué de constater la violence des impacts sur la carrosserie
Ma compassion est tienne
Mes frissons sont incontrôlables
Ta disparition aurait pu être soudaine
Par l'inattention d'un gros connard

Je m'étais forcé à oublier ton nom
Chouinant pour un programme de régime que je n'ai pas tenu
Sans repère, tu es revenu à la suite de tonneaux
Ils m'ont remis les idées en place, moi qui t'insultais presque de te-pu
Choquant d'imaginer les éclats de vitres sur ta peau
Heureusement tu n'as reçu que des bleus, en conservant tous tes os
Un rappel que ça prend plus de temps de naitre, concevoir un marmot
Écouter ceux qui marmonnent, que de disparaitre sans un mot
Pourtant, quelques mois après, tu es revenue
Cette fois-là, en me parlant d'un a priori takotsubo
Je ne peux te répondre que : De regarder les étoiles et la lune...
Elles brillent, comme Kaori Miyazono

On ne s'est jamais mit ensemble
Mais je n'ai jamais eu aussi peur que tu me quittes
On se prend dans les bras ce soir, et demain on s'ignore
Tu joues la prof', normal qu'auprès de toi je grandis
C'est que tu aurais pu être ma première dame
Ou juste ma première fois

Le feeling de notre coup de cœur
N'a plus le même feeling
Changé en coup de gueule
On se dit « De rien », seulement car on l'a mauvaise et qu'on fait mine
Mais arrête de croire que tu me connais si bien que ça
Et arrête de dire que je suis quelqu'un de froid
J'ai mal de te visualiser dans ta Ferrari comme dans ton linceul
Toute aussi surprise que secouée et seule

Je m'étais forcé à oublier ton nom
Chouinant pour un programme de régime que je n'ai pas tenu
Sans repère, tu es revenu à la suite de tonneaux
Ils m'ont remis les idées en place, moi qui t'insultais presque de te-pu
Choquant d'imaginer les éclats de vitres sur ta peau
Heureusement tu n'as reçu que des bleus, en conservant tous tes os
Un rappel que ça prend plus de temps de naitre, concevoir un marmot
Écouter ceux qui marmonnent, que de disparaitre sans un mot
Pourtant, quelques mois après, tu es revenue
Cette fois-là, en me parlant d'un a priori takotsubo
Je ne peux te répondre que : De regarder les étoiles et la lune...
Elles brillent, comme Kaori Miyazono

Bronster Bridge
« One More Cigarette »

Vague à l'âme, partie 1

Tu m'as pris pour un gamin
Mais, avec l'amour, c'est toi qui joue
Je ne peux pas te dire, si je suis un gars bien
Mais t'assurer que seules mes lèvres apposeront tes joues

Bien que, mettre le futur en jeu, c'est trop simple
Ça me sera un test
De ne pas te la mettre pleine figure, au pieu avec le voisin
De ne pas le frapper jusqu'à ce qu'il y reste

Te montrer que mon amour pour toi n'a rien de brusque
Qu'il m'importe, mais n'est qu'un bonus
Malgré ta chaleur, tes jeux de doigts ou ton musc
Car je préfère te laisser le rôle de Brutus

Pendant que je conquis non-stop
Que je les invite à rejoindre mon essaim
Messes basses dans le stéthoscope
Vas-y, ose me mentir, essaye

Tu dis que je suis naïf
Moi, je dis que je suis gentil
Que je ne veux pas de ta vision de la vie
Ou construire d'Empire, mais la plus grande des familles

Elle s'appellerait la Terre
ADN comme escaliers
Même si on dirait qu'il n'y a rien à y faire
Depuis nos cellules, habitués à se diviser

Avant, je me contentais de ce que j'aimais
Je faisais mon tour des mondes
Aujourd'hui, je découvre sans arrêt
Loin de ce qui est censé me rassurer, comme la maison

Même si je l'aime
Lorsque tu es de dos à faire la tambouille
Que je passe par là
Avec ton cul du tambour

Lui que j'aime moins lorsque tu me l'offres
Que le sourire sur ta bouille
Rester soi-même c'est capital
Donc je suis comme la capitale du Luxembourg

Turbo moteur, couleur sépia, pain d'épices
SLK 200
Avec peine de cœur, toujours pareil, c'est moi qui ai la pluie
Et c'est elle qui a le vent

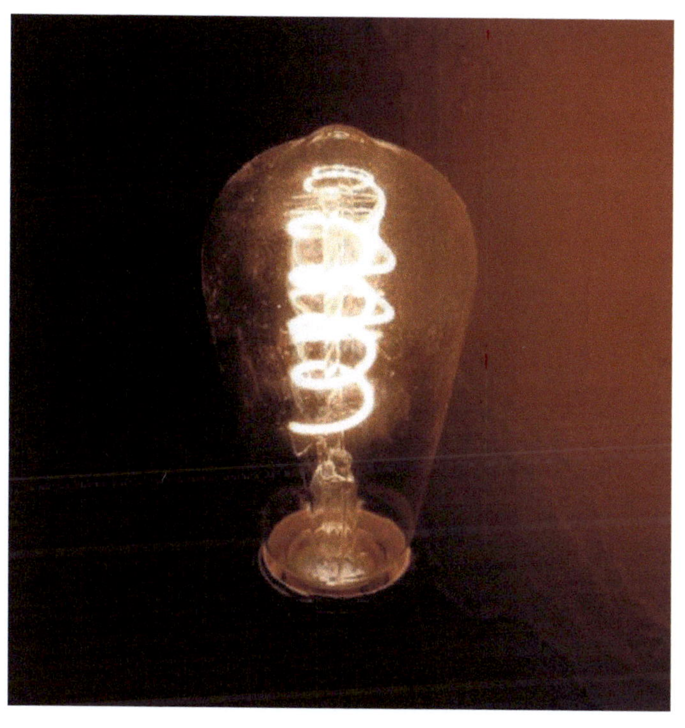

Tim Burton's Corpse Bride
« The Piano Duet »

Peur bleue du noir

Visage pur
Fais-je fausse route
Le regard dur
À l'encontre de ses fossettes
Ma lèvre se mord
Un jour, nous le serrons
M'a-t-on dit dès le départ
Mais c'est toi qui, mon cœur, a serré
C'est toi que je vois, lorsque c'est elle que je regarde
C'est à toi que ces notes me font penser jusqu'aux larmes
Reviens-moi
Reviens vers moi
Comme si ton sourire m'était de droit
Et, s'il m'arrive d'oublier de te faire rire, met moi deux tartes
Une pour l'avant
Une pour l'après
C'est elle, lorsque je me demande ce que j'attends
Et ce que j'attends pour l'appeler

Jeune perdu part faire sa conquête
Première chose qu'il remarque, qu'il est conquis
C'est pour ça qu'il n'y aura qu'un coup de maitre
Car parait-il qu'il n'y aura qu'une vie
Alors, dans ton corps, laisse-moi me mettre
Dans ton corps, laisse-moi te les mettre
Avant ce nuage de papillons, qui te fera disparaitre
Fais demi-tour comme Jenny, car pour l'instant je gémis,
mais, sur ta tombe, je pleurerai comme Forrest
Laisse-moi t'offrir ces noces
Quand je me serai remis sur pieds
Laisse-moi voir quelles têtes auront nos gosses
Aide-moi à ne pas juste le rêver

J'ai peur
Du noir
De l'heure
Qu'il soit trop tard
Ne plus recevoir ta lumière comme un honneur

LÉON
« And it Breaks My Heart »

Celle d'en face

Comme d'hab'
Je suis le premier arrivé au lycée
Ma mère me dépose avant son travail
Et l'hiver il fait nuit, mais aujourd'hui c'est l'été

Le soleil est levant
Reflète sur les bâtiments maintenant oranges
Je sais ce que c'est que d'attendre
Voir une ville émerger de sept heures à sept heures trente

Mais, aujourd'hui, j'assiste à la vie intime des autres
Celle d'une fille et de son père qui lui parle d'une façon malpropre
Il est à sa fenêtre du premier étage du bloc
Tandis qu'elle sort en claquant violemment la porte

« Ouais c'est ça, va t'en, t'es bonne à rien »
Lui crie-t-il
Pendant qu'elle trace, obéit sagement
Du moins, c'est subtile

« Oh, tu m'entends quand j'te parle »
S'est-il senti obligé d'ajouter
« Faut qu'j'aille en cours »
Lui a-t-elle lancé, d'une voix qui tremblait

Visage baissé, démarche forcée
Jusqu'à l'arrêt de tramway le plus proche
Un orage de la tête aux pieds, blonde décoiffée
Sans doute en train de pleurer, avec la voix qui s'écorche

Je n'ai pas bougé
Spectateur d'un spectacle dont je me serais passé
Et aujourd'hui, le vrai
J'aimerais te dire, à toi qui te reconnais...

Que j'aurais aimé sécher tes pleurs
J'aurais voulu te dire des faits comme...
Celui qu'on en rira quand on le verra sous un jour meilleur
Non pas que je veuille te prendre pour une conne

Te dire que je n'aurais pas attendu demain...
Pour inverser la météo du jour de celle de tes paupières
Simplement, te tendre la main
Et enlever le mal de ta peau comme on dépèce une peau de lièvre

Bekar
« Sucré »

Peau aime charnel

Chat endormi d'une oreille
Tu m'ouvres en habits de soirée qui camouflent la lingerie
Glissé sous la porte la veille
Un bout de papier presque anonyme

Bougies qui ornent la baignoire
Pétales de rose ciblent l'ambiance
Un Labello pour le cœur et moral
Des regards pleins de confiance

Tu vas quitter ce mode ulaia
Je vais quitter ma base, me rapprochant de toi
M'intéressant par le toucher aux contours de ton corps
Commençant à les imprimer dès les premiers abords

Scène silencieuse abandonnée
Par respiration anarchique et un gémissement
Dur comme marbre
Par guidage, j'y ai mis sa main

Tu aimes les jolis mots
Ceux qui te font mouiller
Qui remplacent les gros mots
Et t'informent que ton énergie je vais consumer

Ton visage crispé dévoile ton appétit
Signifie : C'est quand qu'on s'y met ?
Une fessée sans retenue, tu languies
Tu encaisses, en plus de l'être, un vrai verre trempé

Je les aime bien en chair
Mais, tout me convient, avec envie, pour info
Je les aime bien en chienne
Ça ne devrait pas être trop demandé pour une nympho

Tu te retrouves en petite tenue
Toi qui n'en as plu
Le besoin de satisfaire cette ébullition
T'assister dans cette requête, t'assouvir, est une mission

Ta main dans mes cheveux
Regarde-moi dans les yeux
Vois comment je te fais l'amour, avec agilité et hardeur
Prends-moi en bouche, imprègne-toi de mes saveurs

En orbite, autour de ton corps céleste
Me sauve quand c'est l'heure
Trafic et don d'orgasmes, un receleur
Fais moins vite j'ai de l'asthme, sueur ruisselante

Je t'en conjure, fais slowly... Ça toque, cache toi sous le lit...
But babe, my cum come... Prépare le cupcake...
Ce doit être mon Michael Caine
Mais si c'était John Michael Kane ?

Poils hérissés
Deux hérissons
Texture épicée
Zéro demande de permission

Quand bien même elle suce tant bien
En suspension, je cherche son point
Points de suspension
Et point de stagnation

Je veux t'emmener toucher les parois du firmament
Je ne vais pas la lâcher, alors tu peux tenter de fuir ma main
Tes bruits sont mielleux... Tu écartes, me dis « mets-le »
Nos corps méli-mélo... « T'es la meilleure »

Je la mange toute crue
Pourtant, ça fait des semaines qu'on se cuisine
On l'a fait jusqu'à cette dernière
Nus sur le plan de travail, mais il crisse vite

Quand bien même en train de te picorer
Je te fais rire à la fois, « Hop, je te pique ton nez »
Recouvrent ton ventre quelques grains de beauté
Je continue, malgré le point de côté

Sur toi se pose la lumière diffractée
Par les trous du volet
J'aime faire dans coins serrés, suffit que je te pénètre
Faire l'amour sur un voilier, en haut d'un gratte-ciel, collés à la fenêtre

Je n'ai rien d'un poète... Je m'étale sur tes pommettes
La différence, entre moi et le précédent ?
C'est uniquement de reins, lorsque je te roue de coups
Je dis ça mais je n'attends rien, je ne veux pas de coupe

J'aime quand tu me rends raide, comme la coupe de Marge
Quand tu me rends bête, quand tu me rends barge
Quand on quitte la berge
Quand on en devient bègue...

J'ai la main verte, avec sa fleur d'amour
Je reconnaitrais le blanc des siens entre dix mille yeux
Tu appelles ça de la baise, j'appelle ça une œuvre hardcore
Et, le temps de quelques secondes, me sentir à dix milieux

Marie Plassard
« L'amour meurt en décembre »

Amis du passé

Nous étions des amis
Jusqu'à ce que de moi tu t'es passé
Courte est la vie
Un trait sur ton nom lorsque tu t'es auto-barré
Parfois, c'est difficile
De revoir nos visages et au combien on s'est tant marré
Ça m'en procure un sourire
Pour ça, je ne pourrai jamais assez te remercier
Encore moins faire comme s'il ne s'était rien passé
C'est toi-même, pas le temps, qui t'a changé
Pas de « bon débarra »
Encore moins de « du balai »
Je te souhaite le meilleur dans ce qu'il t'arrivera
Je ne te souhaiterai jamais du malheur
C'est notre alchimie qui est dépassée
Voici pourquoi on n'est plus que des amis du passé

Il n'y a pas d'« On est quitte »
Je ne suis juste pas de la tienne et tu n'es pas de mon équipe
Faisons de notre mieux, jusqu'au money time
Rien n'est à regretter, lorsque tu as été toi
Je cherche aveuglément au fond de ma hotte
En tire mes meilleurs ressentiments
Que j'offre à tous ces gens, tous ces cons, toutes ces sottes
Pardonnant leurs erreurs car j'ai dû en faire autant
C'est bien de s'être échangé plus que des phéromones
Bien qu'on avait parfois envie de s'étrangler dans le ton de nos romans
On revient toujours trop tard
Alors soyons tolérants avec la SNCF
On se lâche sur des recoins de trottoirs
La distance s'occupant de la suite comme elle seule sait faire
C'est qu'on a besoin de si peu
Et que, pour couper des liens, suffit moins d'une paire de ciseaux

Dans le labyrinthe des attaches, on se perd de vue
On se retrouve sans contrastes, par curiosité ou dans l'inattendu
Loin et sous le vent, il reste quelques résidus d'autrefois
Et, bien souvent, résident quelques restes d'un autre moi

Nous étions des amis
Jusqu'à ce que de moi tu t'es passé
Courte est la vie
Un trait sur ton nom lorsque tu t'es auto-barré
Parfois, c'est difficile
De revoir nos visages et au combien on s'est tant marré
Ça m'en procure un sourire
Pour ça, je ne pourrai jamais assez te remercier
Encore moins faire comme s'il ne s'était rien passé
C'est toi-même, pas le temps, qui t'a changé
Pas de « bon débarra »
Encore moins de « du balai »
Je te souhaite le meilleur dans ce qu'il t'arrivera
Je ne te souhaiterai jamais du malheur
C'est notre alchimie qui est dépassée
Voici pourquoi on n'est plus que des amis du passé

PLK
« Pourtant »

Mise en abîme

Si je t'intrigue, il parait que j'ai gagné
Si j'insiste, c'est parce que je le sais
Que j'ai merdé, que j'ai gaffé
Que, tes battements, j'ai perturbé
À croire que je gaffe éperdument
À ne voir que le mal, et de perdre du temps
Mais, steuplait, reviens, et pardonne moi
Tu sais, avec toi je revis, je me sens bien, et me sens moi
Demande moi de te donner mon cœur
Comme Louane
Depuis quand est inévitable ce quart d'heure
Où je suis bête, un loup-âne
Évidemment que je mise trop sur les mots doux
Et louanges
C'est tout ce que j'ai à faire : Tracer ma route
Couper les ronces
Je vais sûrement te remémorer ce temps où t'aimais rire
Celui où l'on était confiants et téméraires
Où j'étais riche du cœur et que tu étais ma rose du pauvre
Qu'en un clignement d'œil je mettais ta bouche en overdose

Notre histoire n'a rien de rocambolesque
Elle me hante quand je roule en bolide
Sa place est toujours au fond de ma tête
Et dire que je pense avec le cœur
Tard le soir, elle me laisse perplexe
J'aimerais savoir quel est mon rôle en deux lignes ?
Mes amis me disent de laisser tomber
Mais elle est à marier, à mettre à l'abri
Je n'avais qu'à rester à ma place sur l'échiquier
Mais, au lieu de ça, je l'ai mise en abîme
Peut-être qu'autant de distance ça lui convient
Mais les belles phrases ne fonctionnent pas avec moi
Qui plus est, je ne suis pas sur commande
Je m'étais investi, aujourd'hui, je me sens comme un vestige

On se fuit dès qu'on peut
La preuve qu'on ne sait que déconner
On ne saurait rester juste des copains
Car on s'aimera toujours, comme Marianne et Connell
Ce qu'on a raté, en mélangeant les ratures
Et l'imaginer se faire toucher par un autre
C'est moi que ça a abîmé, je ne me reconnais plus
C'est moi que tout ça rend parano

Lefa
« T'y arrivais pas »

Assouvissement

Être en osmose
Avec le ciel mauve-rose
Être en morceaux
Lorsqu'elle s'occupe du nôtre
Se recomposer comme métamorphe
Comme le numéro masqué qui force
Ne se reposer qu'une fois après la mort
Comme le pivert dans l'écorce
La viande qui l'est par la broche
Comme le vase qui déborde
L'attente repoussée par l'approche
L'essentiel dans la sacoche
Sa peau aux huiles essentielles
Les enseignes que l'on saborde
Sa mère à ces industries meurtrières
Plus vulgaire que poète
Moins humain que Terminator
Plus messager que prophète
Bien moins grand que tes miradors
Les arbres générationnels
Ceux que je veux planter dans le cœur des gens
Des arts justes exceptionnels
Ceux qui ne font que grandir à bon escient
Sur le fond...
Un ciel qui prend une forme dégradée
Sur le sol...
Un soutif qui n'est pas encore dégrafé
C'est l'histoire d'une cassette de cul
Jouée sur un classique de Kungs
C'est l'histoire d'une alchimie inégalée
De Cristiano et Georgina comme le couple de l'année
Pièges visuels pour endormir, et faire preuve d'artelligence
De tout petits plaisirs, pour de grandes jouissances
Trop bien garnie
Pour être une skinny
À chaque sortie, c'est un chef-d'œuvre
Comme les films de Miyazaki

Quand ça incarne le mystère
Quand c'est tout calme et se réveille
J'irai à Seattle pour une de ces Dakota Johnson
Même si ce n'est pas la porte d'à côté, je sais
Pour une de ces Adèle Exarchopoulos
Pour une telle extase oculaire
Avec qui rire comme une hyène ou un renard
Comme Dee-Dee, Joey ou Marky, dans Oggy et les cafards
J'aime ça, comme les alternances
Ces fusions qui nous appâtent
Les dalles de lendemain de soirée
Contrées par ces plats de pâtes
Les textures avec lesquelles jouer
Et les pêches plates
Le tout, sans oublier la sienne
Car elle ne l'est pas
L'assouvissement efface l'interêt
L'ataraxie est un résultat intellect
De tes gémissements, je me délecte
« Dès que j'ai joui, je me déconnecte »
J'aime faire des cadeaux, créer la surprise
Ta rengaine sur porte-manteau, ta gaieté reliée à la prise
J'aime marquer les mémoires, pas les hanter
Que tu aies envie de moi, m'aimes comme N'golo Kanté
J'aime les âmes en réfection, les jeux de lumières en réflexion
Tout ce qui est dépassement de soi ou de fonction
J'aime le charme, en procurer
Tandis que tu en joues et que tu en tues
La raison comme avocat, le laxisme comme procureur
Mais, toi, tu n'es victime que de coups sur ton cul

Ollie
« Feelings »

Clandestin

Notre histoire était super floue
Pas de passe droit, des « Non, pas ce soir »
Pour toi, était-elle superflue ?
« Passe par le toit », tu n'osais pas parler de moi

Qu'avais-tu, dans l'arrière-pensée ?
Nerveuse est ma fatigue
On ne se revoyait que l'année prochaine
Le seul de nous deux à connaître nos anniv'

Quand, du coin de l'œil, je me voyais remplacé
Encore par un autre invité
Pas menteur sur ce que j'en pense
Pas comme le gars qui fait de la promotion et qu'on a payé

Pourtant, je sais que je te pique
En parlant avec un ton passé
Lorsqu'ils ne répondent pas, au final...
C'est moi que tu appelles

Je me vengeais avec des coups de reins plus francs
Tête dans les coussins, porte fermée à clef
Tu essayais de me tenir tête en me disant « Plus fort »
Un « J'arrive » essoufflé, lorsqu'on t'appelait pour manger

Pour moi, avais-tu au moins un cran d'estime ?
Je passais par le velux, j'étais un clandestin
Depuis, ni moi ni les autres nous ne sommes revenus
Avais-tu besoin d'un grand dessin ?

Évidemment que je leur avais tout raconté, car c'est ce que tu mérites
Sur le rebord de ta fenêtre, j'ai laissé un origami en forme de cocotte
Tu l'as regardé s'écrouler, s'aplatir sous les gouttes de pluie
Et tu as rayé mon nom de ton Sex note

Sublab & Azaleh
« Maera »

Tout ou rien

Il y a tout ce qu'on ressasse
Tout ce qu'on loupe qui fait qu'on repasse
Il y a tous ces espaces
Tous ces corps célestes qui se tassent

Il y a tous ces témoins qui se taisent
Tous ces objets perdus qui se ramassent
Il y a tous ces murs de braises
Tous ces dons sans dû qui s'amassent

Il y a tous ces organes qui sont minces
Tous ces rêves qui sont réels
Il y a tous ces mots qui se coincent
Toutes ces trêves intemporelles

Pas étonnant que des espions s'infiltrent
Pas étonnant que ton démon veut que tu lui fasses un fils
Que l'on voit noir lorsque le blanc s'affiche
Mais c'est étonnant que de soi-même personne ne s'en fiche

Parait-il que l'on est incertain
Et mon dernier texte sur papier se nomme Éphémère
C'est pour ça que l'on veut tout ou rien
Pas le cran de se remobiliser et faire mieux

Alors que tout se joue dans la tête
Si tu en doutes, c'est car tu veux te limiter
Que rien ne t'empêche de faire de chaque jour une fête
Si tu en doutes, c'est car tu ne veux pas te libérer

Si tu n'arrives pas à aller mieux, c'est parce que tu veux tout
Tu veux tout et tout de suite, en plus de toujours plus
Se suffire d'être là ferait de toi un Homme heureux, un point c'est tout
Un rien te serait magnifique, et tout autour te serait du bonus

Nekfeu
« 1er Rôle »

Second rôle

Inspirée d'une histoire vraie
Un coquelicot artificiel
Cueillit dans un jardin secret
Son minois, un art visuel
Ami commun
Traité comme un ami
Pourtant, j'ai vu sa main
Enroulée à sa taille fine
Les aventures resserrent les liens
Mais elle ne veut pas coucher avec moi
Maitrise la ville comme les Saints
Je trimballe tous ses achats
Prolixe, ingénu
Manie la lame comme Tanjiro
Sa peau lisse, j'effleure, m'en excuse
Réplique en blague qu'elle veut un cadeau
Frottant, tel un bébé, ses yeux vairons
Elle m'entraine dans sa comédie
« C'est tout vu », sa réponse à mon « On verra »
J'ai cédé pour un bien comestible
Glace vanille, sauce chocolat
L'alternance du chaud-froid
Noix de pécans croustillent, divin liégeois
Mon palais se prénomme Joie
Puis une sonnerie... On n'aurait jamais dû amarrer
On est passés d'un océan à marais
Ne m'enlève pas un goût amer, de s'être bien marré
Espérer pouvoir lui plaire, aussi inutile que de se marier
S'éloigne avec air pittoresque
Au fond de moi ça criait « Putain, reste »
En rentrant, je n'ai pas bu qu'un reste
Je parlais la langue de Bucarest
Sans même montrer ce que je vaux
On m'attribue le second rôle
À chaque fois, par défaut
Une chasuble sur les épaules

Pourquoi aimes-tu les histoires d'amour ?
Notamment, celles qui finissent mal
Pourquoi joues-tu ?
Si tu as les épaules friables
Inatteignable ? Menteuse
Moi, je te sais gypsophile
Injoignable, ne décroche plus après 20 heures
Moi, je n'ai que son fixe
Tant de pleurs
Séchés par rendez-vous Tinder
Un corps sans cœur
Comme sans jouet, un Kinder
Donc pas de surprise
Sauf quand elle répond à l'unième tentative
Sur son t-shirt, un dragon couleur cerise
Et un petit short de tentatrice
Compassion au faux-plan
Elle, préférant venir chez le remplaçant
Lui, devenu son partenaire, n'étant plus Rantanplan
Le grillage et la projection du lampadaire lui font des filés collants
- On s'en va ?
- À vos ordres.
- Recherchons Shambala.
- Avant l'aube.
- Faisons cent ballades.
- Et un slow.
- On s'arrêtera au premier Motel.
- Au mieux, un hamac.
- On survivra sans nos tels.
- Brûlons un peu de charbon sur le tarmac.
On avait tout, pour échapper à ce monde cyberpunk
Pas la patience
Maitres du monde sur dos de Buck
Ses bras autour de mon bas-ventre
- Attends, j'ai oublié mon appareil photo.
- T'inquiète, j'ai un vintage Polaroid.
- Et j'ignorais que tu avais le permis moto.
- Hum, dis-moi, quel permis ?

David Podsiadlo
« Let You Down »

Bookeh de fleurs

Tout est blurry
Comme yeux après les pleurs
Tout est en train de brûler
Mais on joue les aveugles et les pleutres

J'ai succombé
Pas su qu'on tombait
Comme tout a surmonté
Et, toi, tu as su me montrer...

Ce qui compte, lorsque le vent est impulsif
Dans ton ombre, ça t'appelle pute et siffle
J'ai pitié, comme pour les lieux importants décharmés
Juste oubliés, car le temps est le seul qui peut désarmer

Froide comme statue
Se bat comme Stallone
Ainsi, elle simule ?
L'ingrate, est-ce ton rôle ?

La raison de ton signe astrologique ?
Une absurdité
Le ciel n'a toujours été que ta seule limite
Toi, tu imites Alyssa sous les bookeh

Assis sur les rambardes
Avec Haribo goût rhubarbe
Passant ta main dans ma barbe
Tirant sur ma barbichette pour l'entrainer dans les salles d'arcades

Une Lara Croft au Laser Game
Sur elle s'étend les beaux lasers verts
Loin d'où le feu est un projectile
Comme sous le feu des projecteurs

Ou juste éblouis par deux phares d'une voiture
Rien que deux phasmes qui ensemble forment ramure
Bien que bondés de ratures
Nos coudes et genoux d'éraflures

Détachés de ce filtre négatif
Observant l'aquarium, l'un pour l'autre un récif
Lire des rivières, plonger dans des livres
Payer de son être, pour que les langues se délient

Même les étoiles tergiversent
« Un teh et j'y vais »
Mille et une vies, pas toutes tracées
Mais on dût le faire, lorsque le gardien nous a cramé

Les néons, les bancs délabrés
« Attention, je vais refaire tes lacets »
Le shopping nocturne, les barrières enjambées
Les fast-foods à la fermeture, le brin de paille échangé

Les cris non retenus
Alors que le cadi s'élançait
Ta tête contre ma nuque
Tes jambes, à ma taille, qui s'enroulaient

Dans ta vie, je veux un magique statut
Pas forcément la plus haute magistrature
Car j'en ai eu fort assez de leurs amours « Ce n'est pas le moment »
Tes atmosphères variées me font savoir ce que j'aime vraiment

C'est pourquoi j'en deviens réactif
Percevant que nos petits coins puissent devenir radioactifs
Joue l'abritée et je jouerai l'abri
Continue de tourner en rond, tel le linge lors de nos photos à la laverie

Continue de faire des nuages ton toit
Que je puisse m'allonger sur le sol
Seul avec toi
Car il n'y a que toi seule

Jordan Critz
« Starry Night »

Cercles de vin

Intempérie laissée sur le carreau
Interdit que je te dise des mots impensés
Moi qui n'avais pas prévu de te faire de cadeau
Avec ma franchise ou bien encore mes fessées
Les deux pôles qui se rejoignent
Nos deux pulls qui se ressemblent
Nos deux épaules qui créent le croisement
Nos deux bulles qui éclatent lentement
Un verre, et ensuite ?
De la fête, on a pris la fuite
On converse
Avec un cigarillo partagé
Des Converse
Et un si pareil haut qu'elle a fini par tâcher

En extase, sous le fantôme du soleil
Un tour à la campagne en solex
Mon badinage contre ses fossettes qui se vexent
Du gainage dans les virages, le fossé qui nous appelle
Elle me tape le bras, en risée
C'est elle qui va finir par causer l'accident
De retour au point de départ, à la soirée
Interrompus par un « Où étiez-vous passés si longtemps ? »
Des pupilles de félins
Tranchantes tels deux katanas bien aiguisés
« Si tu veux m'embrasser, fais le »
Tombant amoureux, à son charme bien agrippé
Un tour de carrousel
De la nuit, j'ai passé le quart sous elle

Au réveil, son parfum
L'herbe aplatit, entre deux buissons de jasmins
Elle n'était plus
S'en douter ne demandait pas d'être devin
Étonnamment déçu
La cherchant parmi récipients vides et cercles de vin

The Weeknd
« Privilege »

Aimants

Plongé dans la mélodieuse mélancolie
Je me mêle moins aux dieux qu'aux olives
Né à la même date que Riquelme et Messi
Je ferai en sorte d'être le tien de dimanches en samedis
Je suis celui qu'on déçoit
Pour qui il y a de la valeur dans chaque détail
Tellement difficile qu'on s'en éloigne
Car on préfère ce qui est facile et sans bataille
Je suis un réinventeur, un idéaliste
Qui fait tout avec le cœur, mais ne fait pas grand-chose d'hyperactif
Alors, j'ai honte, lorsque j'évoque mon ataraxie
Lorsqu'elle n'est pas au point, un lunatique n'est qu'un hypersensible

Et puisque tu me le demanderas (Si si)
Voilà pourquoi (Ce que je suis)
Oublie-moi (Supplie)
Message de toi (Est-ce que je supprime)
N'en veux pas à mes secrets (Médite)
Pas en paix avec mes regrets (Régicides)
Rengaine-toi tu vas me tuer (Mais tire)
Darling, ne t'approche pas d'aussi près (Reste ici)

Besoin d'un corps qui sécurise bien, un qui n'accueille pas de doute
Mets-tu en location le tiens ? Si c'est le cas, qu'est-ce ça coûte ?
Je sais qu'il y a des choses qui résonnent dans ton palais
Que tu es troublée mais n'en donne pas l'air
Je ne peux pas te promettre de longues croisières, de grands palais
Toujours debout, malgré l'envie de s'écrouler par terre

Le dernier t'avait plus que froissée
Et, comme ces lettres d'amour, ça se termine toujours en poubelle
Pareil, lorsque je fais du riz... Toutes mes liaisons ont foiré
Car j'en fais de trop... Restant à chaque fois dans le prélude
Me plaignant de ce que je vis, laissant l'essentiel camouflé
Car j'oublie d'être ce que je suis, plus débile qu'amoureux

MARION
« Solitude »

Vague à l'âme, partie 2

Parfois, la vie m'échappe
Parfois, je veux échapper à la vie
Ce qu'on fout là, je te dis que je ne sais pas
Mais c'est formidable d'être en vie

Tout calme face à la mer agitée
Les mouettes rient de nous autres, péchaillons
Chaque vague essaye de m'aspirer
La nature a fait alliance avec les poissons

Puisque l'Homme l'a trahi
Comme s'il ne sait que se, et tromper
Bons ou mauvais, pas sans travers
Ne passe pas au travers, ni sa vie à Saint-Tropez

Je me comporte comme un connard
Alors que je sais que je n'en suis pas un
Je me concentre sur tout ce qu'il y a autre part
Sur tout ce qui ne me rend pas bien

Je suis resté enfermé si longtemps
Prisonnier d'un drôle d'être
Avant d'être ressuscité en Léviathan
Et de ne plus avoir peur des rivières

Je ne suis pas contre la guerre, je suis pour la paix
Mais sa définition est d'être entre deux guerres
Cent écumoires entassées, que restera-t-il de nos choix et projets ?
Car on ne peut pas aider le monde sans s'aider soi-même

Fini de se comporter avec le QI d'une cruche
De te laisser me dévorer l'esprit
En faire des caisses pour une tâche ou un crush
Pour finalement oublier de répandre l'espoir

Je vaux mieux que ça
Qu'être effacé du jour au lendemain
Comme une erreur qu'on n'assume pas
Alors que je suis aussi unique qu'un autre être humain

Triomphe
« Patience »

Cathartique

Parfois, tout ça ne m'est qu'un tas de films
Pourtant, parfois, tout ça m'est cathartique
Mes sensations forment un zoo plus vaste qu'Amnéville
Tout ça rien qu'en rêvant, alors maintenant je n'ai plus qu'à partir

Souvent, ce ne sont qu'analyses
Une confusion d'émotions qui nous avachie
Ce n'est pas sur elle qu'il faut que je me canalise
Mon esprit et mon cœur me disent de faire ma valise

Un soir d'été
Dans la pénombre de ma chambre
Le gif d'un paysage rural japonais
Des gouttes musicales me font escalader le Mont Fuji que j'enjambe
Un pur instant d'ASMR
Me ralliant à la mer de Chine, aux chants mandarins
Un tout qui me permet de rester zen
Mon nez est débouché par les épices, par les odeurs mandarines
Loin des bains de sang et des daimyos
Quelques vas et viens de pluie
Sous laquelle je cours comme un enfant, loin de mon tapis Domyos
Un cœur neuf mais abîmé de plis

Les câbles électriques coupent le ciel
Une douce amie s'étale sur mon épaule
Encore une soirée où je pourrais mourir sous elle
Une douleur vive s'exclame lorsque je retourne à mon école
Parfois, un rien
Les premières vacances avec la famille qu'on choisit
Les cartes d'anniversaire de mon parrain
Une nostalgie débordante versus une positivité combative
Un franc succès à la batterie pour ma toute première fois
Cette impression de gérer lorsque c'est ton instinct qui est talentueux

Si je maitrisais, c'est peut-être dû aux litres d'alcool dans le foie
C'est aussi cette force tranquille, lorsque tu as le regard qui tue

Se parler via Pictochat à deux places de bus
Ne pas dormir pour se montrer plus fort que la nuit
Avant d'embrasser clope et café, d'arpenter les rues
Berlin et sa coupe au carré, fantôme est la ville
Elle m'a accueilli comme conquérant, recraché comme un amant
Un vinyle des Daft Punk et le meilleur kebab que je n'ai jamais mangé
Je veux y graviter encore, même si je ne parle pas un mot d'allemand
Sauf pour dire que je t'aime, pomme de terre ou pour t'insulter

D'autant que je ne veux pas de grandes heures dans la grandeur
Uniquement faire découvrir à mon enfant la petite et la grande ourse
Je ne veux pas même de Sarah Snyder dans une Lamborghini Spyder
À ceux qui en ont besoin, je veux leur être d'un grand secours
Un jeu de voix autour d'un feu de bois
Coupe de champagne rosé, morceau de brownie
S'allonger sur l'herbe à la belle étoile
Après être retombé sur le sable en imitant la bicyclette de Rooney
L'argent ne pousse pas dans les buissons
Pourtant, je t'assure que la richesse se trouve dans la nature
Comme Yumeko, qu'est-ce que je ne ferai pas pour un frisson
Qu'est-ce que je ne ferai pas pour ce qui me compulse

Poing serré, cœur ouvert
Dans l'épanouissement comme la galère
Être refait comme The Weeknd après After Hours
Ou l'achat d'une paire de Jordan Fifth
Les plages de galets, tomber, s'y casser une dent
Comme croquer dans la bonne ou mauvaise part de galette
Refait, et refaire ces golden hours
Prêt d'une femelle au bassin de Jorja Smith

Lui proposer l'avenir à la suite d'un « Salut miss »
En franchissant le pont qu'est l'écart entre sa fleur, son anus
Qu'elle arrête de se cacher derrière ses vitres teintes
On dirait un Loomis
Nos sentiments en fusion, incroyaux joyaux
Et des vêtements royaux ornés de fleurs de lys

Parfois, tout ça ne m'est qu'un tas de films
Pourtant, parfois, tout ça m'est cathartique
Mes sensations forment un zoo plus vaste qu'Amnéville
Tout ça rien qu'en rêvant, alors maintenant je n'ai plus qu'à partir

Souvent, ce ne sont qu'analyses
Une confusion d'émotions qui nous avachie
Ce n'est pas sur elle qu'il faut que je me canalise
Mon esprit et mon cœur me disent de faire ma valise

Sommaire Bonus

Bonus 1 – **2017**, *Page 101*

Bonus 2 – **Amour céramique**, *Page 107*

Bonus 3 – **Ride**, *Page 113*

Bonus 4 – **Perfectionniste**, *Page 119*

Bonus 5 – **Danseuse**, *Page 125*

Bonus 6 – **Bee**, *Page 129*

Bonus 7 – **Après coups**, *Page 133*

Bonus 8 – **Ta féminité**, *Page 137*

Bonus 9 – **Dernières lueurs**, *Page 141*

Kendrick Lamar
« God »

2017

Afin d'extérioriser un mal domestique,
cherchant à contrer son spleen,
c'est con à dire,
mais un écrivain se livre

Répétés sont ses speechs, puisqu'en boucle sont les scènes
Parfois six lignes et la page se tourne, comme la fille de la lofi radio
De l'attirance à l'obscène
Un aspect inquiet d'être incompris, de prendre un râteau

Mais je me jette à l'eau, peu importe ce que ça va causer
Je me jette à l'eau, comme Arima Kôsei
Pour être misogyne, trop philanthrope
Gestes provocateurs à l'abri de regards, et coups de fil en scred

On le veut, on ne le fait
Menottés et l'on se fuit, entre autres
Chemins différents, même destination
Chez elle, où j'entre et file en traitre

Sur ma rétine, sa silhouette incrustée
Sur son matelas, j'abats le soumis
Dure est sa tétine, sa fleurette tel un cristal
Méconnaissable, j'abasourdi

Sa peau, son mec, je ne respecte rien
Comme français avec le confinement
Salop, malhonnête, un véritable gamin
J'ai été con, finement

Jeunes grotesques, blottis dans cage d'escalier
Narrant caméras et divers voyeurs
De grosses fesses, deux sublimes escalopes
Nappant centaines de défauts et dizaine de valeurs

Allongé sur elle, de tout mon poids, cajolant mon dessert
Celui au cœur étant d'être aussi libres que oiseaux dans une serre
J'ai ses ongles plantés dans le dos
Gémit, quand je la frotte à son clito

Pas pieux au pieu
Rit à mon humour terre-à-terre
Dans un bocal, un mélange camaïeu
Un tête à queue comme tête à tête

Elle est impliquée, j'épouse ses fossettes
Jeux de sales mômes
Traces infligées, frimousse à faux airs
Plus que nous deux dans le Saloon

Cuisses croisées sur le bar, cheville rebondissant,
moi au piano
Lorsque je t'emmenais autre part, aux complexes un bon de sortie,
c'était le pied non ?

La suite, on la connait : Circulation d'informations
Trahie, par une mauvaise interprétation
Insouciant du karma, à elle, je n'avais jamais vraiment fait attention
Je n'imaginais pas un tel pétrin, non

Était-ce le châtiment, pour ce coup de folie ?
Qu'elle me voit comme un gars qui ment, qui joue : Ma phobie
Je n'ai jamais su lui reparler
Ou simplement lui dire que j'étais désolé

Lui dire ce qu'elle ne m'aurait jamais dit : Ne sois pas trop dur...
mais je regrette ce qu'il s'est passé
Pour ma conscience, c'est sujet sensible, car il n'y a que cette picture...
que je veux te laisser, dont tu peux me priver

Toi...
Qui n'avais rien demandé
À part plus fort...
À la prochaine fessée

Et, lorsqu'elle se confiait, je la comprenais
Mais, ce coup-là, j'ai tardé à comprendre
Elle avait grossi, les jours d'après
J'ai seulement vu ça tel un bonus de texture, en mains, à prendre

L'écriture servant d'exutoire
Alors que dans mon crâne ça résonne « Excuse-toi »
Je ne voulais pas te blesser, pardon
Je n'en avais pas rien à branler, c'est toi qui le faisais, de toute façon...

C'était il y a déjà des années,
la dernière, dont j'ai profité à ma guise
Lorsque je suis remonté de mon apnée,
elle n'était que d'hier, qu'un autre bout détaché de la banquise

Et, depuis, je patiente pour celle qui me la fera oublier
Qui aidera à rendre brumeuses ces sottises
Celle qui ne déformera pas ma personnalité
Qui n'aidera pas à ce que ce miroir se brise

Nekfeu
« Risibles Amours »

Amour céramique

Chemin fait de repères
Le miens est ferroviaire
À mesure que demain vient, je fais au fur
Je n'arrête pas de m'en prendre, même dos au mur

Regarde-moi brûler, lorsque je suis en transe
Regarde-moi renifler, au dessus d'un pot d'herbes de Provence
Regarde-moi dériver, ivre d'espérance
Regarde-moi te dire t'aimer, faire preuve d'une profonde ignorance

Papillon dans la toile
Qu'on fasse comme si, ne va pas aider
Palpitations anormales
Ni qu'on s'arme de livres, de calibres dans des pages découpées

Quand bien même l'amour se montre compliqué
Qu'il me laisse toujours les yeux en Hubba Bubba
J'accepte encore un tour, à chaque arrivée
Et, déçu, je retourne ensuite à mes arbres bonsaïs

Un temps périt, tout le temps qu'elle ne m'a pas rappelé
Son nombril agit comme une ombrelle
Intempéries, les deux mains en guise de parapluie
C'est que ce n'est jamais facile de voir une autre qu'elle

Conditions désastreuses
Pour courir après des astres
Sans tomber dans le panneau
Sans ploufer, courir sur l'eau comme Ponyo

On réfute raisons et causes
Dans nos douleurs, on brasse
Parfois, la vie est rose
Parfois, Dolores Ombrage

À chaque fois, je retombe sur mes bases
Moi aussi, je les regarde, mais ce n'est pas moi qui les baise
Parfois, oui, ça me blase
Une quinte, parfois, qui me blesse

C'est ce mirage, cette enveloppe
Qui ne témoigne que d'un relief en effondrement
Fermés sont leurs visages, priant d'avoir choppé le jackpot
Le hasard se voient confié des queues de sentiments

La majorité d'entre elles sont timbrées
Les autres préfèrent se donner en main propre
Moi-même, qui suis-je, pour juger
Je sais juste qu'on ne choisit pas de fringue comme de faire un gosse

C'est toujours eux, qui en pâtissent
Ceux qui patinent, qui sont patraques, c'est toujours eux
Et, c'est toi qui l'as voulu, cette vie dans laquelle tu n'as pas de vie
Même si ça ne se voit pas, comme un Schtroumf qui se fait un bleu

Tout le monde est joueur
Sauf une fois perdant
À quoi bon, tous ces pleurs
À quoi bon, sauter de l'appartement

Une de perdue, tu sais ce qu'on dit
Même si les dix ne viennent qu'à deux
Même si les deux ne sont pas aussi jolies
Même si apprendre à aimer semble devenir caduc

Tu es incapable, si tu ne sais pas
Si tu ne l'as jamais fait, un piètre novice
À force, tu veux que je te dise quoi ?
Moi, j'expérimente dans le vrai, j'ai toujours fait sans notice

J'ai aimé comme un enfant
Sans jamais connaitre la sensation d'être amoureux
Pourtant, j'en ai loupé des occasions
J'entrevoyais ça seulement d'une impression d'amours creux

Ai-je bien fait ? Qu'ai-je loupé ?
Mon palmarès se contente de refuser l'amour céramique
Celui qui casse et se plante dès le premier looping
Je préfère un amour bambou chinois, qui est renforcé par ses racines

OBOY
« Avec toi »

Ride

Vous avez supprimé un message
Tu te cacheras derrière l'excuse que c'est toi qui as envoyé le dernier,
un de ces motifs
Ça me pulvérise les méninges
Dis-moi, ce que je pourrais répondre à un Oui,
à un émoji ?
J'ai perdu le fil, ragé dans la seconde
Quoi de mieux qu'une fille, pour me sortir de l'ombre
Mais quand j'ai mal, le communiquer, je ne sais pas
Encaisser de nouvelles plaies, ça ne me plait pas
Quand j'ai l'air de te laisser, ne me laisse pas
Et, quand je veux m'isoler, empêche-moi...
On ne donne pas d'attention à ceux qui le méritent
Trop de militaires et, pour cette Terre, trop peu militent
On ne regarde jamais vraiment ce que l'on regarde
Mur de pensées comme lentilles de contact
C'est là, que je lui dis : Viens, on s'échappe, viens, on s'écharde
Viens, on s'échange : Larmes et extases
Roule un sandwich, sous ciel étanche
Relève ta jupe, je relève mes manches
Un sky ton pêche
Un 'sky, Dom pé'
Skip ad et les askip
Elle tient comme cigarette un Pocky
GnGnGn, quand elle m'épuise
Hmmm, bruit de bouche, quand elle touche ma cuisse
Pervertis
Et père parti
Alors pourquoi persister ?
On va perdre la partie...
Ruelles pleines de charmes
Loin des villes de l'Est pleines de chars
Alors pourquoi sommes-nous mal dans notre peau ?
Moi non plus, je ne me sens pas comme les autres
Qui ont besoin de faire la fête, de se mettre à mal, d'aller en concerts
Pour cause : Le sens de la vie, rejeté, par sa dureté sévère

Aucun corps n'est épargné
Avec la montre, on joue à l'épervier...
Body fit, malbouffe
Malbouffe, body fit
Body fit, malbouffe
Malbouffe, malbouffe
Va et vient
Viens et vas
Vais mal et bien
Hauts et bas
L'envie de crier haut et fort
De fuir ce chemin sempiternel
C'est là, que je lui dis : Monte à bord
On l'a quitté sans plus tarder
Décidée, quand je lui ai dit : Allez, viens... Viens dans mon vaisseau
Que la liberté ruisselle en tes vaisseaux
Que la musique s'approprie les tympans
Ce soir, la route est toute à toi
Juste viens, on ride
Mini road-trip, plein d'escapades
Tout lâcher, tu es tentée
Pas ma main, ton pouce ne cessant de la balayer
Des voix fantômes, des tempêtes
Des hématomes et tant de têtes...
Qui l'ont marqué
Consentement démenti
Mais « Elle va bien »
« Il faut qu'elle arrête de mentir »
Puisqu'il ne faut rien attendre des gens
Puisqu'ils savent se montrer si méchants
Puisqu'il faut au combien leur répondre gaiement
Puisqu'on y gagne qu'à se montrer plus intelligent
Mais ce n'est pas faire semblant
Que savoir rire sans blague
Juste : Ne surtout pas se faire de sang d'encre
Ou c'est se barrer à le verser sur blanches pages

Je ressens les Ki

Quand l'aura s'assombrit...

Et, dans le siège, mon corps s'affaisse

Lorsqu'il pèle, c'est elle qui porte ma North Face

Je relève son menton, lorsque son regard se baisse

Plongeant dans les orties, fragiles guiboles, un logique qu'elle se blesse

Au seuil de la porte

Un silence

Une alarme à plusieurs lieux

Puis un bisou sur le coin de la joue

Mon cœur se tait

Il ne faut pas attendre d'aller mieux

Ni attendre qu'on améliore la situation pour vous

Ni attendre d'être plus vieux

Il ne faut pas attendre, tout court

Alors, le pas, on a sauté

Reconnaissante, parce que je l'ai sauvée d'une probable bêtise

Ses lèvres m'ont dit bonne nuit

J'avais oublié comment exister, attendant que demain se dessine

Tout autant reconnaissant, parce qu'elle m'a sauvé aussi

Melanie Martinez
« Play Date »

Perfectionniste

Baiser jusqu'à être épuisé
Pour les rêves, une épuisette
Tout n'est que luxe, calme et volupté
Un peu de glamour et un thé glacé

Un petit déj' copieux
Un pyjama coquet
Sous le plafond céruléen
Un passe-temps où on ne fait rien

Sol de tesselles
Chaleur sous nos pieds
Rayons de soleil
Coupés par moucharabieh

L'odeur de la peinture fraiche
Après notre bataille avec
Mordre dans un brugnon, une pêche
Comme mordre dans la tienne

La cabine téléphonique fait dring
Au bout du fil, une voix fébrile
L'aventure m'appelle
Un cœur pliable telle règle Maped

Pourtant, j'évite de mesurer mon temps de bénévolat
Avec l'idéal de l'individu à qui je voulais donner, mais qu'il vola
Des bêtes humaines, traduirait Émile Zola
Mésanges huppées à l'affût d'un petit monarque

Chaussures sur câbles électriques
Chose dure d'être le dernier voulu d'un hasard pour le moins sélectif
Un avion papier, poussé dans la grande vallée
Toujours un temps d'avance, d'où ces crans d'arrêt

« Je veux tes lips »
Rendre toutes ces tulipes
« Quand est-ce que t'es libre ? »
Car il parait que tu disp'

Des aveux sincères
Corps étranger s'insère
Des nareux, ça s'aime ?
Fourrez vos sentiments dans le sel

Il ne restera plus que le vide que tu laisses
Même si tu ne le veux pas, une bribe d'allégresse
Et un écarquillement
Qui témoigne d'une réalité personnelle : L'émerveillement

Chignon ruiné par bourrasque
Désaxé, comme la tour de Pise qui s'effondre
Crépis bleu très piteux peut remercier plantes murales
J'ai une vision de toi qui s'est faussée...

Car je suis épris et puis nié
Voiture sans vitre avec toit cabossé
Car tu m'as trahi, pas fiable comme le chef des puînés
Autrement dit, je nous vois dans un fossé

Explique-moi, l'absentéisme aux jours de guerre
Le présentéisme lorsque je te fais vriller
Que tu me souhaites mon anniv' une année sur deux
Alors que ce n'est pas le 29 février

Explique-moi, ce qui bloque
Communication taille mignonette
Et lorsque tes mots sortent...
Ils me font l'effet d'une baïonnette

Désolé pour le dérangement
Perfectionniste, dans ma vie, je ne fais que du rangement
Chantant un air de générique, car memento mori
Retrouver les pâtes au beurre, après le poulet à la crème aux morilles

Merci pour l'instant
Pour l'éphémère, qui n'a effectivement pas duré longtemps
On se la coulait, puis tu es partie en douce
En résumé, on a fini par embrasser la croix blanche et son fond rouge

Eugénie
« Sur la mer »

Danseuse

L'amour, qu'est-ce que c'est ?
Est-ce perceptible, est-ce préfabriqué ?
Quelles en sont ses couleurs ?
Est-ce iridescent, une pelure de couleuvre ?

Bulles de savons piquent les yeux, à l'éclatement
Depuis son balcon, s'évade une innocente par le mouvement
Elle bouge, bouge, agitant son bassin à travers tout ce ciment
C'est ainsi qu'elle se plait, poignets qui se ploient, de légers cillements

Quelques étages en dessous...
S'arrêtent les fidèles de l'Happy Hour
Embobinés par le charme de cette poupée de vaudou...
Aux aiguilles dans le cœur

Vision sur la mer de nuages
Un bain de lait
Mariée à l'horizon, bénédiction nuptiale
Qu'il la trahisse aussi, ne devrait pas tarder

Le voilà parti pour une autre
Mais elle garde ses solaires en yeux de chat
Galaxies s'exposent sur sa peau
Et elle braille ses souffrances dans coussin de soie

C'est la libération de l'âme
Le souhait de faire apparaitre la danse de la joie
Pour la quasi disparition des larmes
Pour éviter l'accident, créé depuis le toit

Le grognement rauque des entrailles
Et de tous ses frêles espoirs enfuis
Ces silences à « Tu rentres à ? »
Confirmant qu'à chaque fois ils s'enfuient

Prison de verre, en morceaux
Une innocence morte trop tôt
Des histoires qui ne volent pas très haut
Autant qu'un Homme qui fait l'oiseau

Ainsi donc elle le répercute
En s'en prenant au premier venu de son répertoire
Voilà comment un soir je me retrouve à la traiter de pute
En me refourguant sa patate chaude, tout son désespoir

Oscar Anton
« Monde Nouveau »

Bee

Un jour anodin, ce n'est pas que des mots,
tu m'es tombée dessus
Depuis, à chaque fois que je te vois,
j'ai envie de t'éclater comme le papier-bulles

Autant que j'ai envie de te chérir
Qu'on s'occupe de ton bien-être comme du jamais vu
Crois en mon étoile de shérif
Je crois en celles que tu me mets dans la vue

Sors de ta ruche, petite abeille
Ce que je veux juste, c'est que tu sois ébahi
Te voir lorsque je me réveille et baille
Te dire tout le bien que ça me fait quand je te rêve et vois

Quand tu n'es pas là, mon seum te maudit
Quand tu es là, tu es la seule et meilleure de mes amies
Même si, au fond, tu es toujours là
Puisque, même inconsciemment, je pense à toi

C'est que tu es la seule qui m'a approché
Qui m'a frappé telle une comète
Car tu secoues ma tête depuis toutes ces années
Alors que je n'ai pas l'impression de te connaitre

Faisons de l'art, ensemble
Il est temps de nous mettre en scelle
Que l'ataraxie s'enclenche
Que l'amertume est un goût de sel

Tu fais parti de ce et ceux qui, lorsque je ne sais plus où j'en suis,
me sont des marques-page
Ce ne sont pas des conneries, il suffit que je t'imagine pour m'alléger,
et me mettre à sourire face au large

Comment, qui, ou quoi, ce qu'il y avait avant,
dans le fond, je m'en fiche pas mal
J'ai comme cherché un androgyne adéquat pendant longtemps,
et, quand parfois j'y pense, gurl, c'est vrai que tu es pas mal

Bien que tu as souvent paru aussi inaccessible,
mais j'arrive facilement à le concevoir
Même si, certes, il y a des jours j'ai besoin que tu me dises…
Quand est-ce qu'on se voit

Même quand le monde est Burtonisé
Que les collines sont en escargots
J'ai cette folle envie de danser
Grâce à ce que tu procures à ma peau

Avant, ils te perturbaient,
aujourd'hui, littéraires sont mes clins d'œil
Comprend que, même pour toi, je ne pourrai pas tuer,
que tu ne sauras jamais la faiblesse de mon cœur

Pas de compromis
Pas de ces grandes phrases qu'on promet
Tout ce que je veux, c'est te dire merci
Car tu m'aides à mieux vivre, alors comprends le

Tove Lo
« Habits »

Après coups

Je te dirai de repartir
Parce que j'ai eu trop mal, parce que tu m'as fait souffrir
Et bien que je t'aime encore
Si tu repars, c'est qu'on n'avait rien à faire ensemble

Je squatte des parkings, en me questionnant
Sur tous ces signes, sur tous ces silences
Sur les gens qui disent t'aimer, alors que c'est faux
Qu'ils aiment seulement le sentiment que procure d'aimer un autre

Tandis que je les aime juste trop
De manière étouffante, et sans repos
Que je finis par être écarté, de toutes façons
Qu'elles finissent par s'éloigner, sans un motif ni de raison

Ou elles en ont, mais pas la franchise
Préférant se taire, s'éclipser sans bruit
Mes yeux ont le don de savoir tout analyser
Donc je le vois lorsque tu es différente et changée

C'est que ça va mal, ces dernières époques
Ou disons que ça va, mais seulement le temps d'une clope
Tout me prend du temps
De déjouer mon double, de devenir un homme, d'être constant

Ça prend du temps d'être soi-même
Et pas ce que les gens veulent que tu sois : Une merde
J'en ai des amis que j'ai trop rogné
À qui je n'ai pas demandé d'aide, par crainte de toujours déranger

Ainsi, des ambiances surgelées, des ambiances Thiriet
Une transcendance téléchargée, mais par les cheveux tirée
Si tu m'aimais, tu n'essaierais pas de revenir dans ma vie
Après ne m'avoir laissé qu'une déconvenue, et un épisode psychotique

Si tu m'aimais, tu ne reviendrais pas après coups
Tu me respecterais, saurais comme il a été dur de sortir du trou
Si tu m'aimais, tu prendrais sur toi et ce jusqu'au bout
Alors, dis plutôt ce que tu as oublié, ma langue ne fait plus qu'un tour

Dis ce que tu n'as pas récupéré, ce qui manque à ton nouvel amour
Dis le moi, qu'on en finisse
Voir si je peux te le filer, et que tu décampes une fois pour toutes
Partie en claquant la porte, et tu me demandes de la finesse...

Je voulais une joie de cœur, pas un roi de cœur
Je m'en donnais à cœur joie, lorsque je te tartinais comme du beurre
Avec quantité de ballons au plafond, comme dans le ciel de Kapadokya
Océan de bonheur, attaché au canon... Est-ce que tu captes ou pas ?

Mais non, tu es partie
Et, aujourd'hui, il se trouve que, de mille feux, je brille
Tu as été un démon, sans rien dans la poitrine
Tandis que toutes tes couches, tout ton millefeuille, eux, brûlent

Columbine
« Le bal des fous »

Ta féminité

Toi, et ta féminité
Ça remonte à loin, je m'en rappelle comme d'hier
Dire que tu as failli me tuer
Que tu étais une autre à l'aube, en plus d'être à l'autre bout de la Terre

Au cœur de la nuit, j'ai perturbé le tien
Des choses pas biens, des voies ferrées sans train
Pas besoin de petite copine, si l'on recherche un grand amour
Avoir confiance c'est long, mais pour s'embrasser c'est court

Ta féminité m'empêche de dormir
Ton rapprochement serré et ta chaleur vont bientôt m'engloutir
Une fraise au long de ton corps, température exotique
Pourquoi faut-il que tu mordes, pourquoi faut-il que tu sois si…

Elle a bon fond, et un gros ass
Elle le fait avec amour, tout en sourire
Bordel, je fonds, comme une Häagen-Dazs
Mon cookie dough, mon Ben & Jerry's

Une déesse
Ma Nintendo préférée
Cherchant de l'air
Me tend son dos en pré-levrette

Tu bouges ton arrière-train de plus en plus fort
C'est à croire que tu souhaiterais l'entrevue de ma mort
Les papillons dans le ventre sont des couteaux
Un pavillon, une piscine nocturne, mais je me sens le mieux contre toi

« Chérie, d'où t'es ? »
Sa réponse me fait douter
Au contraire de ma dureté...
Lorsqu'elle est en tenue légère, qu'elle boit du thé

Ta féminité effondre des murailles
Ta féminité donne la parole aux muets
Ta féminité ne compte aucune faille
Toute l'année, laisse moi t'offrir le pays des mouettes

Tu as l'avantage d'être belle, jolie fleur,
et, lorsque tu t'ouvres, nombreux succombent
Les traits expressifs de ton visage sont une explosion de saveur,
un lâché de colombes

Il me faut parfois du temps, pour m'en remettre
Il me faut parfois huit ans, pour accepter
Pour accepter que ce temps reste derrière
Et laisser la boucle de l'infini se refermer

Je n'arrive plus à me satisfaire d'un peut-être
D'images retouchées, retravaillées de mémoire
Je n'arrive plus à me contenter d'hypothèses
Regarder chaque coucher, sans ta féminité, seul, dans mon manoir

Dieu créa la femme
Et celle-ci ne laissa que la foudre
Au milieu des échos de l'orage,
elle me déposa sur un coin de la route

Disiz
« Sublime »

Dernières lueurs

Un fond noir estompé
Sonnant comme le gong
Donner son âme et se tromper
Je ne prétends pas que je suis le bon

Je veux ton épaule à un millimètre de la mienne
Mon cœur sur un plateau, mais tu n'auras pas ma tête
Faisons un petit exercice de cataglottisme
J'y déposerai granulé de désir, jusqu'à ta glotte naïve

Espérons que toi aussi, ça te fera tant vibrer
Que ton cœur noir, telles les étoiles du ciel, par la lumière, sera criblé
Sans omettre la mélodie des criquets
Une omelette d'œufs de Fabergé

Le musc des barbecues
Les fins de journée sur Mario Kart
Qu'on s'allonge un peu partout
Si une bagnole arrive, c'est elle qui s'écarte

Les voies sont à nous
Tons orangés, noirs mat
Les débats ne sont tabous
Finissent par donner l'envie de se battre

Suffira d'une accolade
Une déchirure déjà recollée
Un levé de verres d'alcooliques
Archétype des beaux-arts et Mercure dans le râtelier

Notre plafond, c'est le papier peint de la chambre d'Andy,
dans Toy Story
Trop souvent nous-mêmes lorsque personne ne nous fixe,
nous aussi...

J'ai mis fin à l'adolescence, durant l'âge adulte
Je l'ai vu sans le voir, je m'en suis rendu compte sans le faire
Un peu comme ce ciel évanescent, ce mirage absurde
Lui qui nous laisse dans le noir, se referme telle une paupière

En effet, ce qui excite, c'est le feeling
Un instant T surpasse vos physiques de Hentai
Je veux dénicher tes tatouages intimes
Faire un cache-cache dans le centre commercial

J'ai grandi, tardivement, à repousser demain
Couru après le ciel maintes fois, à m'emmêler les pinceaux
Toute ma vie, un garnement, voyant se pousser de l'or dans les mains
Alors qu'il suffisait juste de me pincer

Malgré tout, le ciel s'effondra encore
On le prendra sûrement sur la tête
Mais on ne dormira que lorsque l'on sera mort
Il y a encore bien trop de journées qui attendent d'être découvertes

On ne pourra réussir à tout contrôler
Le jeu sera fini, une fois la paix intérieure
Non pas qu'on ne saura plus autant pleurer
Non pas que je serai insensible à un de tes sorts

J'apprendrai à en vivre
Puisqu'on ne peut faire que cela
À quoi bon, à chaque coup, vouloir partir
Puisqu'on revient toujours sur nos pas

La gratitude, comme outil de reconstruction
Comme étendard d'une âme qui saigne
Comme un lampion dans les tréfonds
Et, peut-être que l'on se reverra, après tout, qui sait...

Alors, prête ? Je lance le globe
Pose ton doigt quand tu le sens
Avec les regrets, il faut être lyophobe
Et, face à l'imprévu, regarde mon cœur comme il fond.

À toutes celles et ceux qui ont su heurter mon cœur, peu importe la manière, la raison ou encore le contexte, juste :

Merci. Paix et amour, à vous.

À toi qui lis, juste :

Merci d'avoir pris le temps de découvrir certaines histoires de ma vie, certaines parts de mon cœur, que j'ai livré sous cette forme artistique. Pour toi, ce n'est qu'une compilation de mots, un grand bazar. Pour moi, ça représente des années, des souvenirs, des émotions personnelles, sincères et profondes, des soirées, des nuits, à gratter mille et un textes, sur ma petite chaise orange qui grince, au lieu de réviser, de me préparer à la vie, qui m'est parfois passé sous le nez... Peut-être qu'on ne se connait pas, peut-être que je ne connais pas ton parcours, mais j'aimerais te dire de ne jamais jouer avec l'amour, de ne jamais attendre, et de vivre cette incroyable expérience, cette vie, de tout ton cœur !

PS : Et, n'oublie pas... Les grands couchers de soleil sont beaux, mais ne sont qu'illusion... Apprécie les petits rayons de soleil, ceux qui éclairent nos journées, tant ils sont authentiques...

by QYOU

© 2025 by QYOU
Édition : BoD · Books on Demand, 31 avenue Saint-Rémy, 57600 Forbach, bod@bod.fr
Impression : Libri Plureos GmbH, Friedensallee 273, 22763 Hamburg (Allemagne)
ISBN : 978-2-3225-7772-9
Dépôt légal : Juin 2025

MON CŒUR QUE TU HEART, 2024.
Photographies & Textes
by QYOU

Tiktok : by_qyou / Instagram : by_qyou